PLAYER NAME:

_____

TEAM & YEAR:

_____

HOCKEY SMASH PUBLISHING

NAME: _____

DATE: _____

LEAGUE / LEVEL: _____

ARENA / LOCATION: _____

TEAM NAME: _____ **SCORE:** _____

OPPONENT: _____ _____

POSITION: _____ **SHOTS:** _____

GOALS: _____ **ASSISTS:** _____ **POINTS:** _____

PPG: _____ **SHG:** _____ **GWG (Y/N):** _____

BLOCKS: _____ **HITS:** _____ **PIM:** _____ **+/-:** _____

GAME HIGHLIGHT: _____
_____

GAME NOTES:
_____
_____
_____
_____

NAME: _____
DATE: _____

LEAGUE / LEVEL: _____

ARENA / LOCATION: _____

TEAM NAME: _____ SCORE: _____

OPPONENT: _____ _____

POSITION: _____ SHOTS: _____

GOALS: _____ ASSISTS: _____ POINTS: _____

PPG: _____ SHG: _____ GWG (Y/N): _____

BLOCKS: _____ HITS: _____ PIM: _____ +/-: _____

GAME HIGHLIGHT: _____
_____

GAME NOTES:
_____
_____
_____
_____

NAME: _____

DATE: _____

LEAGUE / LEVEL: _____

ARENA / LOCATION: _____

TEAM NAME: _____ SCORE: _____

OPPONENT: _____ _____

POSITION: _____ SHOTS: _____

GOALS: _____ ASSISTS: _____ POINTS: _____

PPG: _____ SHG: _____ GWG (Y/N): _____

BLOCKS: _____ HITS: _____ PIM: _____ +/-: _____

GAME HIGHLIGHT: _____
_____

GAME NOTES:
_____
_____
_____
_____

NAME: _____

DATE: _____

LEAGUE / LEVEL: _____

ARENA / LOCATION: _____

TEAM NAME: _____ **SCORE:** _____

OPPONENT: _____ _____

POSITION: _____ **SHOTS:** _____

GOALS: _____ **ASSISTS:** _____ **POINTS:** _____

PPG: _____ **SHG:** _____ **GWG (Y/N):** _____

BLOCKS: _____ **HITS:** _____ **PIM:** _____ **+/-:** _____

GAME HIGHLIGHT: _____
_____

GAME NOTES:
_____
_____
_____
_____

NAME: _____

DATE: _____

LEAGUE / LEVEL: _____

ARENA / LOCATION: _____

TEAM NAME: _____ **SCORE:** ___

OPPONENT: _____

POSITION: _____ **SHOTS:** ___

GOALS: ___ **ASSISTS:** ___ **POINTS:** ___

PPG: ___ **SHG:** ___ **GWG (Y/N):** ___

BLOCKS: ___ **HITS:** ___ **PIM:** ___ **+/-:** ___

GAME HIGHLIGHT: _____
_____

GAME NOTES:
_____
_____
_____
_____

NAME: _____

DATE: _____

LEAGUE / LEVEL: _____

ARENA / LOCATION: _____

TEAM NAME: _____ **SCORE:** _____

OPPONENT: _____ _____

POSITION: _____ **SHOTS:** _____

GOALS: _____ **ASSISTS:** _____ **POINTS:** _____

PPG: _____ **SHG:** _____ **GWG (Y/N):** _____

BLOCKS: _____ **HITS:** _____ **PIM:** _____ **+/-:** _____

GAME HIGHLIGHT: _____
_____

GAME NOTES:
_____
_____
_____
_____

NAME: _____

DATE: _____

LEAGUE / LEVEL: _____

ARENA / LOCATION: _____

TEAM NAME: _____ SCORE: _____

OPPONENT: _____ _____

POSITION: _____ SHOTS: _____

GOALS: _____ ASSISTS: _____ POINTS: _____

PPG: _____ SHG: _____ GWG (Y/N): _____

BLOCKS: _____ HITS: _____ PIM: _____ +/-: _____

GAME HIGHLIGHT: _____
_____

GAME NOTES:
_____
_____
_____
_____

NAME: _____

DATE: _____

LEAGUE / LEVEL: _____

ARENA / LOCATION: _____

TEAM NAME: _____ **SCORE:** _____

OPPONENT: _____ _____

POSITION: _____ **SHOTS:** _____

GOALS: _____ **ASSISTS:** _____ **POINTS:** _____

PPG: _____ **SHG:** _____ **GWG (Y/N):** _____

BLOCKS: _____ **HITS:** _____ **PIM:** _____ **+/-:** _____

GAME HIGHLIGHT: _____
_____

GAME NOTES:
_____
_____
_____
_____

NAME: _____

DATE: _____

LEAGUE / LEVEL: _____

ARENA / LOCATION: _____

TEAM NAME: _____ **SCORE:** _____

OPPONENT: _____ _____

POSITION: _____ **SHOTS:** _____

GOALS: _____ **ASSISTS:** _____ **POINTS:** _____

PPG: _____ **SHG:** _____ **GWG (Y/N):** _____

BLOCKS: _____ **HITS:** _____ **PIM:** _____ **+/-:** _____

GAME HIGHLIGHT: _____
_____

GAME NOTES:
_____
_____
_____
_____

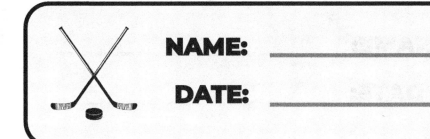

NAME: _____

DATE: _____

LEAGUE / LEVEL: _____

ARENA / LOCATION: _____

TEAM NAME: _____   SCORE: _____

OPPONENT: _____   _____

POSITION: _____   SHOTS: _____

GOALS: _____   ASSISTS: _____   POINTS: _____

PPG: _____   SHG: _____   GWG (Y/N): _____

BLOCKS: _____   HITS: _____   PIM: _____   +/-: _____

GAME HIGHLIGHT: _____
_____

GAME NOTES:
_____
_____
_____
_____

NAME: _____

DATE: _____

LEAGUE / LEVEL: _____

ARENA / LOCATION: _____

TEAM NAME: _____ **SCORE:** _____

OPPONENT: _____

POSITION: _____ **SHOTS:** _____

GOALS: _____ **ASSISTS:** _____ **POINTS:** _____

PPG: _____ **SHG:** _____ **GWG (Y/N):** _____

BLOCKS: _____ **HITS:** _____ **PIM:** _____ **+/-:** _____

GAME HIGHLIGHT: _____
_____

GAME NOTES:
_____
_____
_____
_____

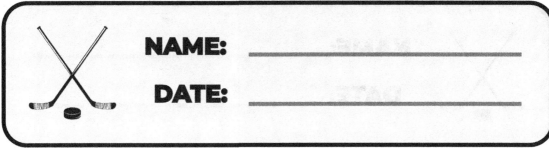

NAME: _____

DATE: _____

LEAGUE / LEVEL: _____

ARENA / LOCATION: _____

TEAM NAME: _____ **SCORE:** _____

OPPONENT: _____ _____

POSITION: _____ **SHOTS:** _____

GOALS: _____ **ASSISTS:** _____ **POINTS:** _____

PPG: _____ **SHG:** _____ **GWG (Y/N):** _____

BLOCKS: _____ **HITS:** _____ **PIM:** _____ **+/-:** _____

GAME HIGHLIGHT: _____
_____

GAME NOTES:
_____
_____
_____
_____

NAME: _____

DATE: _____

LEAGUE / LEVEL: _____

ARENA / LOCATION: _____

TEAM NAME: _____ **SCORE:** _____

OPPONENT: _____ _____

POSITION: _____ **SHOTS:** _____

GOALS: _____ **ASSISTS:** _____ **POINTS:** _____

PPG: _____ **SHG:** _____ **GWG (Y/N):** _____

BLOCKS: _____ **HITS:** _____ **PIM:** _____ **+/-:** _____

GAME HIGHLIGHT: _____
_____

GAME NOTES:
_____
_____
_____
_____

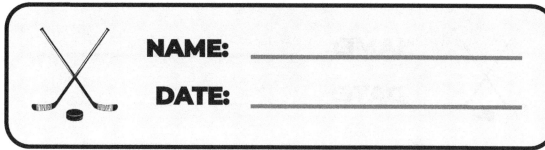

NAME: _____

DATE: _____

LEAGUE / LEVEL: _____

ARENA / LOCATION: _____

TEAM NAME: _____ **SCORE:** _____

OPPONENT: _____ _____

POSITION: _____ **SHOTS:** _____

GOALS: _____ **ASSISTS:** _____ **POINTS:** _____

PPG: _____ **SHG:** _____ **GWG (Y/N):** _____

BLOCKS: _____ **HITS:** _____ **PIM:** _____ **+/-:** _____

GAME HIGHLIGHT: _____
_____

GAME NOTES:
_____
_____
_____
_____

NAME: _____

DATE: _____

LEAGUE / LEVEL: _____

ARENA / LOCATION: _____

TEAM NAME: _____   **SCORE:** _____

OPPONENT: _____   _____

POSITION: _____   **SHOTS:** _____

GOALS: _____   **ASSISTS:** _____   **POINTS:** _____

PPG: _____   **SHG:** _____   **GWG (Y/N):** _____

BLOCKS: _____   **HITS:** _____   **PIM:** _____   **+/-:** _____

GAME HIGHLIGHT: _____
_____

GAME NOTES:
_____
_____
_____
_____

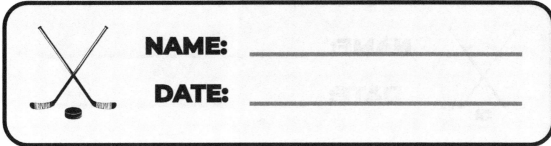

NAME: _____

DATE: _____

LEAGUE / LEVEL: _____

ARENA / LOCATION: _____

TEAM NAME: _____ **SCORE:** _____

OPPONENT: _____ _____

POSITION: _____ **SHOTS:** _____

GOALS: _____ **ASSISTS:** _____ **POINTS:** _____

PPG: _____ **SHG:** _____ **GWG (Y/N):** _____

BLOCKS: _____ **HITS:** _____ **PIM:** _____ **+/-:** _____

GAME HIGHLIGHT: _____
_____

GAME NOTES:
_____
_____
_____
_____

NAME: _____

DATE: _____

LEAGUE / LEVEL: _____

ARENA / LOCATION: _____

TEAM NAME: _____ **SCORE:** _____

OPPONENT: _____

POSITION: _____ **SHOTS:** _____

GOALS: _____ **ASSISTS:** _____ **POINTS:** _____

PPG: _____ **SHG:** _____ **GWG (Y/N):** _____

BLOCKS: _____ **HITS:** _____ **PIM:** _____ **+/-:** _____

GAME HIGHLIGHT: _____
_____

GAME NOTES:
_____
_____
_____
_____

NAME: _____

DATE: _____

LEAGUE / LEVEL: _____

ARENA / LOCATION: _____

TEAM NAME: _____ **SCORE:** _____

OPPONENT: _____ _____

POSITION: _____ **SHOTS:** _____

GOALS: _____ **ASSISTS:** _____ **POINTS:** _____

PPG: _____ **SHG:** _____ **GWG (Y/N):** _____

BLOCKS: _____ **HITS:** _____ **PIM:** _____ **+/-:** _____

GAME HIGHLIGHT: _____
_____

GAME NOTES:
_____
_____
_____
_____

NAME: _____

DATE: _____

LEAGUE / LEVEL: _____

ARENA / LOCATION: _____

TEAM NAME: _____ **SCORE:** _____

OPPONENT: _____ _____

POSITION: _____ **SHOTS:** _____

GOALS: _____ **ASSISTS:** _____ **POINTS:** _____

PPG: _____ **SHG:** _____ **GWG (Y/N):** _____

BLOCKS: _____ **HITS:** _____ **PIM:** _____ **+/-:** _____

GAME HIGHLIGHT: _____
_____

GAME NOTES:
_____
_____
_____
_____

NAME: _____

DATE: _____

LEAGUE / LEVEL: _____

ARENA / LOCATION: _____

TEAM NAME: _____ **SCORE:** _____

OPPONENT: _____ _____

POSITION: _____ **SHOTS:** _____

GOALS: _____ **ASSISTS:** _____ **POINTS:** _____

PPG: _____ **SHG:** _____ **GWG (Y/N):** _____

BLOCKS: _____ **HITS:** _____ **PIM:** _____ **+/-:** _____

GAME HIGHLIGHT: _____
_____

GAME NOTES:
_____
_____
_____
_____

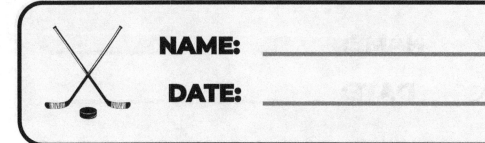

NAME: _____

DATE: _____

LEAGUE / LEVEL: _____

ARENA / LOCATION: _____

TEAM NAME: _____ **SCORE:** _____

OPPONENT: _____ _____

POSITION: _____ **SHOTS:** _____

GOALS: _____ **ASSISTS:** _____ **POINTS:** _____

PPG: _____ **SHG:** _____ **GWG (Y/N):** _____

BLOCKS: _____ **HITS:** _____ **PIM:** _____ **+/-:** _____

GAME HIGHLIGHT: _____
_____

GAME NOTES:
_____
_____
_____
_____

NAME: _____

DATE: _____

LEAGUE / LEVEL: _____

ARENA / LOCATION: _____

TEAM NAME: _____ **SCORE:** _____

OPPONENT: _____ _____

POSITION: _____ **SHOTS:** _____

GOALS: _____ **ASSISTS:** _____ **POINTS:** _____

PPG: _____ **SHG:** _____ **GWG (Y/N):** _____

BLOCKS: _____ **HITS:** _____ **PIM:** _____ **+/-:** _____

GAME HIGHLIGHT: _____
_____

GAME NOTES:
_____
_____
_____
_____

NAME: _____

DATE: _____

LEAGUE / LEVEL: _____

ARENA / LOCATION: _____

TEAM NAME: _____ **SCORE:** _____

OPPONENT: _____ _____

POSITION: _____ **SHOTS:** _____

GOALS: _____ **ASSISTS:** _____ **POINTS:** _____

PPG: _____ **SHG:** _____ **GWG (Y/N):** _____

BLOCKS: _____ **HITS:** _____ **PIM:** _____ **+/-:** _____

GAME HIGHLIGHT: _____
_____

GAME NOTES:
_____
_____
_____
_____

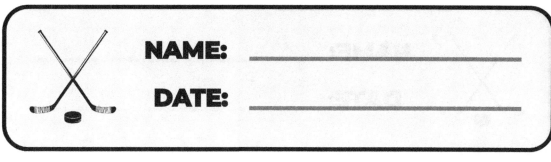

NAME: _____

DATE: _____

LEAGUE / LEVEL: _____

ARENA / LOCATION: _____

TEAM NAME: _____ **SCORE:** _____

OPPONENT: _____ _____

POSITION: _____ **SHOTS:** _____

GOALS: _____ **ASSISTS:** _____ **POINTS:** _____

PPG: _____ **SHG:** _____ **GWG (Y/N):** _____

BLOCKS: _____ **HITS:** _____ **PIM:** _____ **+/-:** _____

GAME HIGHLIGHT: _____

GAME NOTES:
_____
_____
_____
_____

NAME: _____

DATE: _____

LEAGUE / LEVEL: _____

ARENA / LOCATION: _____

TEAM NAME: _____ **SCORE:** _____

OPPONENT: _____ _____

POSITION: _____ **SHOTS:** _____

GOALS: _____ **ASSISTS:** _____ **POINTS:** _____

PPG: _____ **SHG:** _____ **GWG (Y/N):** _____

BLOCKS: _____ **HITS:** _____ **PIM:** _____ **+/-:** _____

GAME HIGHLIGHT: _____
_____

GAME NOTES:
_____
_____
_____
_____

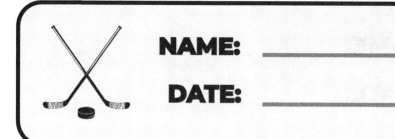

NAME: _____

DATE: _____

LEAGUE / LEVEL: _____

ARENA / LOCATION: _____

TEAM NAME: _____ **SCORE:** _____

OPPONENT: _____ _____

POSITION: _____ **SHOTS:** _____

GOALS: _____ **ASSISTS:** _____ **POINTS:** _____

PPG: _____ **SHG:** _____ **GWG (Y/N):** _____

BLOCKS: _____ **HITS:** _____ **PIM:** _____ **+/-:** _____

GAME HIGHLIGHT: _____
_____

GAME NOTES:
_____
_____
_____
_____

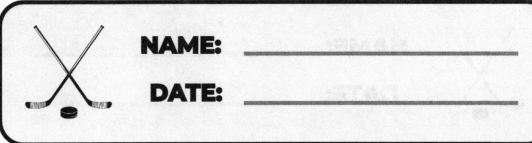

NAME: _____

DATE: _____

LEAGUE / LEVEL: _____

ARENA / LOCATION: _____

TEAM NAME: _____ **SCORE:** _____

OPPONENT: _____ _____

POSITION: _____ **SHOTS:** _____

GOALS: _____ **ASSISTS:** _____ **POINTS:** _____

PPG: _____ **SHG:** _____ **GWG (Y/N):** _____

BLOCKS: _____ **HITS:** _____ **PIM:** _____ **+/-:** _____

GAME HIGHLIGHT: _____
_____

GAME NOTES:
_____
_____
_____
_____

NAME: _____

DATE: _____

LEAGUE / LEVEL: _____

ARENA / LOCATION: _____

TEAM NAME: _____ SCORE: _____

OPPONENT: _____ _____

POSITION: _____ SHOTS: _____

GOALS: _____ ASSISTS: _____ POINTS: _____

PPG: _____ SHG: _____ GWG (Y/N): _____

BLOCKS: _____ HITS: _____ PIM: _____ +/-: _____

GAME HIGHLIGHT: _____
_____

GAME NOTES:
_____
_____
_____
_____

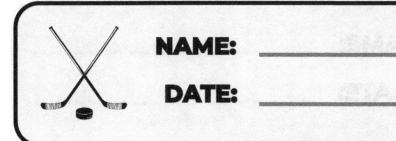

NAME: _____

DATE: _____

LEAGUE / LEVEL: _____

ARENA / LOCATION: _____

TEAM NAME: _____ **SCORE:** _____

OPPONENT: _____ _____

POSITION: _____ **SHOTS:** _____

GOALS: _____ **ASSISTS:** _____ **POINTS:** _____

PPG: _____ **SHG:** _____ **GWG (Y/N):** _____

BLOCKS: _____ **HITS:** _____ **PIM:** _____ **+/-:** _____

GAME HIGHLIGHT: _____
_____

GAME NOTES:
_____
_____
_____
_____

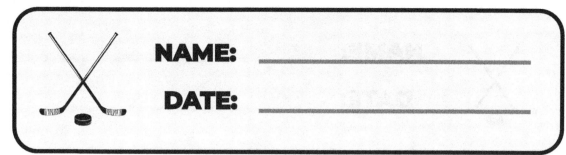

NAME: _____

DATE: _____

LEAGUE / LEVEL: _____

ARENA / LOCATION: _____

TEAM NAME: _____ **SCORE:** _____

OPPONENT: _____ _____

POSITION: _____ **SHOTS:** _____

GOALS: _____ **ASSISTS:** _____ **POINTS:** _____

PPG: _____ **SHG:** _____ **GWG (Y/N):** _____

BLOCKS: _____ **HITS:** _____ **PIM:** _____ **+/-:** _____

GAME HIGHLIGHT: _____
_____

GAME NOTES:
_____
_____
_____

NAME: _____

DATE: _____

LEAGUE / LEVEL: _____

ARENA / LOCATION: _____

TEAM NAME: _____ **SCORE:** _____

OPPONENT: _____ _____

POSITION: _____ **SHOTS:** _____

GOALS: _____ **ASSISTS:** _____ **POINTS:** _____

PPG: _____ **SHG:** _____ **GWG (Y/N):** _____

BLOCKS: _____ **HITS:** _____ **PIM:** _____ **+/-:** _____

GAME HIGHLIGHT: _____
_____

GAME NOTES:
_____
_____
_____
_____

NAME: _____

DATE: _____

LEAGUE / LEVEL: _____

ARENA / LOCATION: _____

TEAM NAME: _____ **SCORE:** _____

OPPONENT: _____ _____

POSITION: _____ **SHOTS:** _____

GOALS: _____ **ASSISTS:** _____ **POINTS:** _____

PPG: _____ **SHG:** _____ **GWG (Y/N):** _____

BLOCKS: _____ **HITS:** _____ **PIM:** _____ **+/-:** _____

GAME HIGHLIGHT: _____
_____

GAME NOTES:
_____
_____
_____
_____

NAME: _____

DATE: _____

LEAGUE / LEVEL: _____

ARENA / LOCATION: _____

TEAM NAME: _____ **SCORE:** _____

OPPONENT: _____ _____

POSITION: _____ **SHOTS:** _____

GOALS: _____ **ASSISTS:** _____ **POINTS:** _____

PPG: _____ **SHG:** _____ **GWG (Y/N):** _____

BLOCKS: _____ **HITS:** _____ **PIM:** _____ **+/-:** _____

GAME HIGHLIGHT: _____
_____

GAME NOTES:
_____
_____
_____
_____

NAME: _____

DATE: _____

LEAGUE / LEVEL: _____

ARENA / LOCATION: _____

TEAM NAME: _____ **SCORE:** _____

OPPONENT: _____

POSITION: _____ **SHOTS:** _____

GOALS: _____ **ASSISTS:** _____ **POINTS:** _____

PPG: _____ **SHG:** _____ **GWG (Y/N):** _____

BLOCKS: _____ **HITS:** _____ **PIM:** _____ **+/-:** _____

GAME HIGHLIGHT: _____

GAME NOTES:
_____
_____
_____
_____

NAME: _____

DATE: _____

LEAGUE / LEVEL: _____

ARENA / LOCATION: _____

TEAM NAME: _____ SCORE: _____

OPPONENT: _____ _____

POSITION: _____ SHOTS: _____

GOALS: _____ ASSISTS: _____ POINTS: _____

PPG: _____ SHG: _____ GWG (Y/N): _____

BLOCKS: _____ HITS: _____ PIM: _____ +/-: _____

GAME HIGHLIGHT: _____
_____

GAME NOTES:
_____
_____
_____
_____

NAME: _____

DATE: _____

LEAGUE / LEVEL: _____

ARENA / LOCATION: _____

TEAM NAME: _____ **SCORE:** _____

OPPONENT: _____ _____

POSITION: _____ **SHOTS:** _____

GOALS: _____ **ASSISTS:** _____ **POINTS:** _____

PPG: _____ **SHG:** _____ **GWG (Y/N):** _____

BLOCKS: _____ **HITS:** _____ **PIM:** _____ **+/-:** _____

GAME HIGHLIGHT: _____
_____

GAME NOTES:
_____
_____
_____
_____

NAME: _____

DATE: _____

LEAGUE / LEVEL: _____

ARENA / LOCATION: _____

TEAM NAME: _____ **SCORE:** _____

OPPONENT: _____ _____

POSITION: _____ **SHOTS:** _____

GOALS: _____ **ASSISTS:** _____ **POINTS:** _____

PPG: _____ **SHG:** _____ **GWG (Y/N):** _____

BLOCKS: _____ **HITS:** _____ **PIM:** _____ **+/-:** _____

GAME HIGHLIGHT: _____
_____

GAME NOTES:
_____
_____
_____
_____

NAME: _____

DATE: _____

LEAGUE / LEVEL: _____

ARENA / LOCATION: _____

TEAM NAME: _____ **SCORE:** _____

OPPONENT: _____ _____

POSITION: _____ **SHOTS:** _____

GOALS: _____ **ASSISTS:** _____ **POINTS:** _____

PPG: _____ **SHG:** _____ **GWG (Y/N):** _____

BLOCKS: _____ **HITS:** _____ **PIM:** _____ **+/-:** _____

GAME HIGHLIGHT: _____
_____

GAME NOTES:
_____
_____
_____
_____

NAME: _____

DATE: _____

LEAGUE / LEVEL: _____

ARENA / LOCATION: _____

TEAM NAME: _____ **SCORE:** _____

OPPONENT: _____ _____

POSITION: _____ **SHOTS:** _____

GOALS: _____ **ASSISTS:** _____ **POINTS:** _____

PPG: _____ **SHG:** _____ **GWG (Y/N):** _____

BLOCKS: _____ **HITS:** _____ **PIM:** _____ **+/-:** _____

GAME HIGHLIGHT: _____
_____

GAME NOTES:
_____
_____
_____
_____

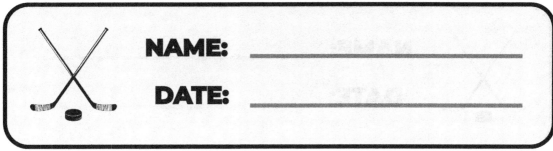

NAME: _____

DATE: _____

LEAGUE / LEVEL: _____

ARENA / LOCATION: _____

TEAM NAME: _____ **SCORE:** _____

OPPONENT: _____ _____

POSITION: _____ **SHOTS:** _____

GOALS: _____ **ASSISTS:** _____ **POINTS:** _____

PPG: _____ **SHG:** _____ **GWG (Y/N):** _____

BLOCKS: _____ **HITS:** _____ **PIM:** _____ **+/-:** _____

GAME HIGHLIGHT: _____
_____

GAME NOTES:
_____
_____
_____
_____

NAME: _____

DATE: _____

LEAGUE / LEVEL: _____

ARENA / LOCATION: _____

TEAM NAME: _____ **SCORE:** _____

OPPONENT: _____ _____

POSITION: _____ **SHOTS:** _____

GOALS: _____ **ASSISTS:** _____ **POINTS:** _____

PPG: _____ **SHG:** _____ **GWG (Y/N):** _____

BLOCKS: _____ **HITS:** _____ **PIM:** _____ **+/-:** _____

GAME HIGHLIGHT: _____
_____

GAME NOTES:
_____
_____
_____
_____

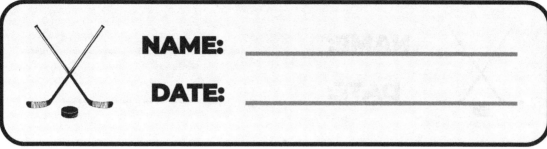

NAME: _____

DATE: _____

LEAGUE / LEVEL: _____

ARENA / LOCATION: _____

TEAM NAME: _____ **SCORE:** _____

OPPONENT: _____ _____

POSITION: _____ **SHOTS:** _____

GOALS: _____ **ASSISTS:** _____ **POINTS:** _____

PPG: _____ **SHG:** _____ **GWG (Y/N):** _____

BLOCKS: _____ **HITS:** _____ **PIM:** _____ **+/-:** _____

GAME HIGHLIGHT: _____

GAME NOTES:
_____
_____
_____
_____

NAME: _____

DATE: _____

LEAGUE / LEVEL: _____

ARENA / LOCATION: _____

TEAM NAME: _____ **SCORE:** _____

OPPONENT: _____

POSITION: _____ **SHOTS:** _____

GOALS: _____ **ASSISTS:** _____ **POINTS:** _____

PPG: _____ **SHG:** _____ **GWG (Y/N):** _____

BLOCKS: _____ **HITS:** _____ **PIM:** _____ **+/-:** _____

GAME HIGHLIGHT: _____
_____

GAME NOTES:
_____
_____
_____
_____

NAME: _____

DATE: _____

LEAGUE / LEVEL: _____

ARENA / LOCATION: _____

TEAM NAME: _____ **SCORE:** _____

OPPONENT: _____ _____

POSITION: _____ **SHOTS:** _____

GOALS: _____ **ASSISTS:** _____ **POINTS:** _____

PPG: _____ **SHG:** _____ **GWG (Y/N):** _____

BLOCKS: _____ **HITS:** _____ **PIM:** _____ **+/-:** _____

GAME HIGHLIGHT: _____
_____

GAME NOTES:
_____
_____
_____
_____

NAME: _____

DATE: _____

LEAGUE / LEVEL: _____

ARENA / LOCATION: _____

TEAM NAME: _____ **SCORE:** _____

OPPONENT: _____ _____

POSITION: _____ **SHOTS:** _____

GOALS: _____ **ASSISTS:** _____ **POINTS:** _____

PPG: _____ **SHG:** _____ **GWG (Y/N):** _____

BLOCKS: _____ **HITS:** _____ **PIM:** _____ **+/-:** _____

GAME HIGHLIGHT: _____
_____

GAME NOTES:
_____
_____
_____
_____

NAME: _____

DATE: _____

LEAGUE / LEVEL: _____

ARENA / LOCATION: _____

TEAM NAME: _____ **SCORE:** _____

OPPONENT: _____ _____

POSITION: _____ **SHOTS:** _____

GOALS: _____ **ASSISTS:** _____ **POINTS:** _____

PPG: _____ **SHG:** _____ **GWG (Y/N):** _____

BLOCKS: _____ **HITS:** _____ **PIM:** _____ **+/-:** _____

GAME HIGHLIGHT: _____
_____

GAME NOTES:
_____
_____
_____
_____

NAME: _____

DATE: _____

LEAGUE / LEVEL: _____

ARENA / LOCATION: _____

TEAM NAME: _____ **SCORE:** _____

OPPONENT: _____

POSITION: _____ **SHOTS:** _____

GOALS: _____ **ASSISTS:** _____ **POINTS:** _____

PPG: _____ **SHG:** _____ **GWG (Y/N):** _____

BLOCKS: _____ **HITS:** _____ **PIM:** _____ **+/-:** _____

GAME HIGHLIGHT: _____
_____

GAME NOTES:
_____
_____
_____
_____

NAME: _____

DATE: _____

LEAGUE / LEVEL: _____

ARENA / LOCATION: _____

TEAM NAME: _____ **SCORE:** _____

OPPONENT: _____ _____

POSITION: _____ **SHOTS:** _____

GOALS: _____ **ASSISTS:** _____ **POINTS:** _____

PPG: _____ **SHG:** _____ **GWG (Y/N):** _____

BLOCKS: _____ **HITS:** _____ **PIM:** _____ **+/-:** _____

GAME HIGHLIGHT: _____
_____

GAME NOTES:
_____
_____
_____
_____

NAME: _____

DATE: _____

LEAGUE / LEVEL: _____

ARENA / LOCATION: _____

TEAM NAME: _____ **SCORE:** _____

OPPONENT: _____ _____

POSITION: _____ **SHOTS:** _____

GOALS: _____ **ASSISTS:** _____ **POINTS:** _____

PPG: _____ **SHG:** _____ **GWG (Y/N):** _____

BLOCKS: _____ **HITS:** _____ **PIM:** _____ **+/-:** _____

GAME HIGHLIGHT: _____
_____

GAME NOTES:
_____
_____
_____
_____

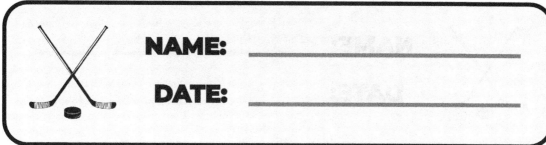

NAME: _____

DATE: _____

LEAGUE / LEVEL: _____

ARENA / LOCATION: _____

TEAM NAME: _____ **SCORE:** _____

OPPONENT: _____

POSITION: _____ **SHOTS:** _____

GOALS: _____ **ASSISTS:** _____ **POINTS:** _____

PPG: _____ **SHG:** _____ **GWG (Y/N):** _____

BLOCKS: _____ **HITS:** _____ **PIM:** _____ **+/-:** _____

GAME HIGHLIGHT: _____

GAME NOTES:
_____
_____
_____
_____

NAME: _____

DATE: _____

LEAGUE / LEVEL: _____

ARENA / LOCATION: _____

TEAM NAME: _____ **SCORE:** _____

OPPONENT: _____ _____

POSITION: _____ **SHOTS:** _____

GOALS: _____ **ASSISTS:** _____ **POINTS:** _____

PPG: _____ **SHG:** _____ **GWG (Y/N):** _____

BLOCKS: _____ **HITS:** _____ **PIM:** _____ **+/-:** _____

GAME HIGHLIGHT: _____
_____

GAME NOTES:
_____
_____
_____
_____

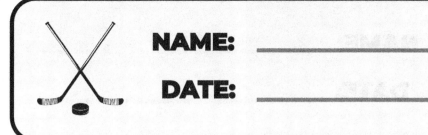

NAME: _____

DATE: _____

LEAGUE / LEVEL: _____

ARENA / LOCATION: _____

TEAM NAME: _____ **SCORE:** _____

OPPONENT: _____ _____

POSITION: _____ **SHOTS:** _____

GOALS: _____ **ASSISTS:** _____ **POINTS:** _____

PPG: _____ **SHG:** _____ **GWG (Y/N):** _____

BLOCKS: _____ **HITS:** _____ **PIM:** _____ **+/-:** _____

GAME HIGHLIGHT: _____
_____

GAME NOTES:
_____
_____
_____
_____

NAME: _____

DATE: _____

LEAGUE / LEVEL: _____

ARENA / LOCATION: _____

TEAM NAME: _____ **SCORE:** _____

OPPONENT: _____ _____

POSITION: _____ **SHOTS:** _____

GOALS: _____ **ASSISTS:** _____ **POINTS:** _____

PPG: _____ **SHG:** _____ **GWG (Y/N):** _____

BLOCKS: _____ **HITS:** _____ **PIM:** _____ **+/-:** _____

GAME HIGHLIGHT: _____
_____

GAME NOTES:
_____
_____
_____
_____

NAME: _____

DATE: _____

LEAGUE / LEVEL: _____

ARENA / LOCATION: _____

TEAM NAME: _____ **SCORE:** _____

OPPONENT: _____ _____

POSITION: _____ **SHOTS:** _____

GOALS: _____ **ASSISTS:** _____ **POINTS:** _____

PPG: _____ **SHG:** _____ **GWG (Y/N):** _____

BLOCKS: _____ **HITS:** _____ **PIM:** _____ **+/-:** _____

GAME HIGHLIGHT: _____
_____

GAME NOTES:
_____
_____
_____
_____

NAME: _____

DATE: _____

LEAGUE / LEVEL: _____

ARENA / LOCATION: _____

TEAM NAME: _____ **SCORE:** _____

OPPONENT: _____ _____

POSITION: _____ **SHOTS:** _____

GOALS: _____ **ASSISTS:** _____ **POINTS:** _____

PPG: _____ **SHG:** _____ **GWG (Y/N):** _____

BLOCKS: _____ **HITS:** _____ **PIM:** _____ **+/-:** _____

GAME HIGHLIGHT: _____
_____

GAME NOTES:
_____
_____
_____
_____

NAME: _____

DATE: _____

LEAGUE / LEVEL: _____

ARENA / LOCATION: _____

TEAM NAME: _____ **SCORE:** _____

OPPONENT: _____ _____

POSITION: _____ **SHOTS:** _____

GOALS: _____ **ASSISTS:** _____ **POINTS:** _____

PPG: _____ **SHG:** _____ **GWG (Y/N):** _____

BLOCKS: _____ **HITS:** _____ **PIM:** _____ **+/-:** _____

GAME HIGHLIGHT: _____
_____

GAME NOTES:
_____
_____
_____
_____

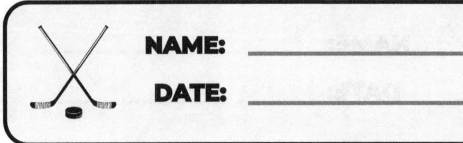

NAME: _____

DATE: _____

LEAGUE / LEVEL: _____

ARENA / LOCATION: _____

TEAM NAME: _____ **SCORE:** _____

OPPONENT: _____ _____

POSITION: _____ **SHOTS:** _____

GOALS: _____ **ASSISTS:** _____ **POINTS:** _____

PPG: _____ **SHG:** _____ **GWG (Y/N):** _____

BLOCKS: _____ **HITS:** _____ **PIM:** _____ **+/-:** _____

GAME HIGHLIGHT: _____
_____

GAME NOTES:
_____
_____
_____
_____

NAME: _____

DATE: _____

LEAGUE / LEVEL: _____

ARENA / LOCATION: _____

TEAM NAME: _____ SCORE: _____

OPPONENT: _____ _____

POSITION: _____ SHOTS: _____

GOALS: _____ ASSISTS: _____ POINTS: _____

PPG: _____ SHG: _____ GWG (Y/N): _____

BLOCKS: _____ HITS: _____ PIM: _____ +/-: _____

GAME HIGHLIGHT: _____
_____

GAME NOTES:
_____
_____
_____
_____

NAME: _____

DATE: _____

LEAGUE / LEVEL: _____

ARENA / LOCATION: _____

TEAM NAME: _____ **SCORE:** _____

OPPONENT: _____ _____

POSITION: _____ **SHOTS:** _____

GOALS: _____ **ASSISTS:** _____ **POINTS:** _____

PPG: _____ **SHG:** _____ **GWG (Y/N):** _____

BLOCKS: _____ **HITS:** _____ **PIM:** _____ **+/-:** _____

GAME HIGHLIGHT: _____
_____

GAME NOTES:
_____
_____
_____
_____

NAME: _____

DATE: _____

LEAGUE / LEVEL: _____

ARENA / LOCATION: _____

TEAM NAME: _____ **SCORE:** _____

OPPONENT: _____ _____

POSITION: _____ **SHOTS:** _____

GOALS: _____ **ASSISTS:** _____ **POINTS:** _____

PPG: _____ **SHG:** _____ **GWG (Y/N):** _____

BLOCKS: _____ **HITS:** _____ **PIM:** _____ **+/-:** _____

GAME HIGHLIGHT: _____
_____

GAME NOTES:
_____
_____
_____
_____

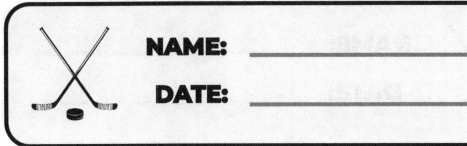

NAME: _____

DATE: _____

LEAGUE / LEVEL: _____

ARENA / LOCATION: _____

TEAM NAME: _____   SCORE: _____

OPPONENT: _____

POSITION: _____   SHOTS: _____

GOALS: _____   ASSISTS: _____   POINTS: _____

PPG: _____   SHG: _____   GWG (Y/N): _____

BLOCKS: _____   HITS: _____   PIM: _____   +/-: _____

GAME HIGHLIGHT: _____
_____

GAME NOTES:
_____
_____
_____
_____

NAME: _____

DATE: _____

LEAGUE / LEVEL: _____

ARENA / LOCATION: _____

TEAM NAME: _____ **SCORE:** _____

OPPONENT: _____ _____

POSITION: _____ **SHOTS:** _____

GOALS: _____ **ASSISTS:** _____ **POINTS:** _____

PPG: _____ **SHG:** _____ **GWG (Y/N):** _____

BLOCKS: _____ **HITS:** _____ **PIM:** _____ **+/-:** _____

GAME HIGHLIGHT: _____
_____

GAME NOTES:
_____
_____
_____
_____

NAME: _____

DATE: _____

LEAGUE / LEVEL: _____

ARENA / LOCATION: _____

TEAM NAME: _____   **SCORE:** _____

OPPONENT: _____

POSITION: _____   **SHOTS:** _____

GOALS: _____   **ASSISTS:** _____   **POINTS:** _____

PPG: _____   **SHG:** _____   **GWG (Y/N):** _____

BLOCKS: _____   **HITS:** _____   **PIM:** _____   **+/-:** _____

GAME HIGHLIGHT: _____
_____

GAME NOTES:
_____
_____
_____
_____

NAME: _____

DATE: _____

LEAGUE / LEVEL: _____

ARENA / LOCATION: _____

TEAM NAME: _____ **SCORE:** _____

OPPONENT: _____ _____

POSITION: _____ **SHOTS:** _____

GOALS: _____ **ASSISTS:** _____ **POINTS:** _____

PPG: _____ **SHG:** _____ **GWG (Y/N):** _____

BLOCKS: _____ **HITS:** _____ **PIM:** _____ **+/-:** _____

GAME HIGHLIGHT: _____
_____

GAME NOTES:
_____
_____
_____
_____

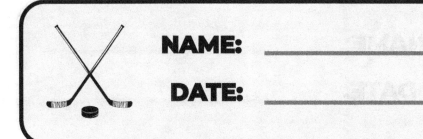

NAME: _____
DATE: _____

LEAGUE / LEVEL: _____

ARENA / LOCATION: _____

TEAM NAME: _____ **SCORE:** _____

OPPONENT: _____ _____

POSITION: _____ **SHOTS:** _____

GOALS: _____ **ASSISTS:** _____ **POINTS:** _____

PPG: _____ **SHG:** _____ **GWG (Y/N):** _____

BLOCKS: _____ **HITS:** _____ **PIM:** _____ **+/-:** _____

GAME HIGHLIGHT: _____
_____

GAME NOTES:
_____
_____
_____
_____

NAME: _____

DATE: _____

LEAGUE / LEVEL: _____

ARENA / LOCATION: _____

TEAM NAME: _____ SCORE: _____

OPPONENT: _____ _____

POSITION: _____ SHOTS: _____

GOALS: _____ ASSISTS: _____ POINTS: _____

PPG: _____ SHG: _____ GWG (Y/N): _____

BLOCKS: _____ HITS: _____ PIM: _____ +/-: _____

GAME HIGHLIGHT: _____
_____

GAME NOTES:
_____
_____
_____
_____

NAME: _____

DATE: _____

LEAGUE / LEVEL: _____

ARENA / LOCATION: _____

TEAM NAME: _____ SCORE: _____

OPPONENT: _____ _____

POSITION: _____ SHOTS: _____

GOALS: _____ ASSISTS: _____ POINTS: _____

PPG: _____ SHG: _____ GWG (Y/N): _____

BLOCKS: _____ HITS: _____ PIM: _____ +/-: _____

GAME HIGHLIGHT: _____
_____

GAME NOTES:
_____
_____
_____
_____

NAME: _____

DATE: _____

LEAGUE / LEVEL: _____

ARENA / LOCATION: _____

TEAM NAME: _____ **SCORE:** _____

OPPONENT: _____

POSITION: _____ **SHOTS:** _____

GOALS: _____ **ASSISTS:** _____ **POINTS:** _____

PPG: _____ **SHG:** _____ **GWG (Y/N):** _____

BLOCKS: _____ **HITS:** _____ **PIM:** _____ **+/-:** _____

GAME HIGHLIGHT: _____
_____

GAME NOTES:
_____
_____
_____
_____

NAME: _____

DATE: _____

LEAGUE / LEVEL: _____

ARENA / LOCATION: _____

TEAM NAME: _____ **SCORE:** _____

OPPONENT: _____ _____

POSITION: _____ **SHOTS:** _____

GOALS: _____ **ASSISTS:** _____ **POINTS:** _____

PPG: _____ **SHG:** _____ **GWG (Y/N):** _____

BLOCKS: _____ **HITS:** _____ **PIM:** _____ **+/-:** _____

GAME HIGHLIGHT: _____
_____

GAME NOTES:
_____
_____
_____
_____

NAME: _____

DATE: _____

LEAGUE / LEVEL: _____

ARENA / LOCATION: _____

TEAM NAME: _____ **SCORE:** _____

OPPONENT: _____

POSITION: _____ **SHOTS:** _____

GOALS: _____ **ASSISTS:** _____ **POINTS:** _____

PPG: _____ **SHG:** _____ **GWG (Y/N):** _____

BLOCKS: _____ **HITS:** _____ **PIM:** _____ **+/-:** _____

GAME HIGHLIGHT: _____

GAME NOTES:
_____
_____
_____
_____

NAME: _____

DATE: _____

LEAGUE / LEVEL: _____

ARENA / LOCATION: _____

TEAM NAME: _____ **SCORE:** _____

OPPONENT: _____ _____

POSITION: _____ **SHOTS:** _____

GOALS: _____ **ASSISTS:** _____ **POINTS:** _____

PPG: _____ **SHG:** _____ **GWG (Y/N):** _____

BLOCKS: _____ **HITS:** _____ **PIM:** _____ **+/-:** _____

GAME HIGHLIGHT: _____
_____

GAME NOTES:
_____
_____
_____
_____

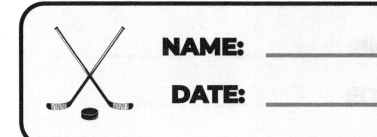

NAME: _____

DATE: _____

LEAGUE / LEVEL: _____

ARENA / LOCATION: _____

TEAM NAME: _____   **SCORE:** _____

OPPONENT: _____   _____

POSITION: _____   **SHOTS:** _____

GOALS: _____   **ASSISTS:** _____   **POINTS:** _____

PPG: _____   **SHG:** _____   **GWG (Y/N):** _____

BLOCKS: _____   **HITS:** _____   **PIM:** _____   **+/-:** _____

GAME HIGHLIGHT: _____
_____

GAME NOTES:
_____
_____
_____
_____

NAME: _____

DATE: _____

LEAGUE / LEVEL: _____

ARENA / LOCATION: _____

TEAM NAME: _____ **SCORE:** _____

OPPONENT: _____

POSITION: _____ **SHOTS:** _____

GOALS: _____ **ASSISTS:** _____ **POINTS:** _____

PPG: _____ **SHG:** _____ **GWG (Y/N):** _____

BLOCKS: _____ **HITS:** _____ **PIM:** _____ **+/-:** _____

GAME HIGHLIGHT: _____
_____

GAME NOTES:
_____
_____
_____
_____

NAME: _____

DATE: _____

LEAGUE / LEVEL: _____

ARENA / LOCATION: _____

TEAM NAME: _____ SCORE: _____

OPPONENT: _____

POSITION: _____ SHOTS: _____

GOALS: _____ ASSISTS: _____ POINTS: _____

PPG: _____ SHG: _____ GWG (Y/N): _____

BLOCKS: _____ HITS: _____ PIM: _____ +/-: _____

GAME HIGHLIGHT: _____

GAME NOTES:
_____
_____
_____
_____

NAME: _____

DATE: _____

LEAGUE / LEVEL: _____

ARENA / LOCATION: _____

TEAM NAME: _____ **SCORE:** ____

OPPONENT: _____ ____

POSITION: _____ **SHOTS:** ____

GOALS: ____ **ASSISTS:** ____ **POINTS:** ____

PPG: ____ **SHG:** ____ **GWG (Y/N):** ____

BLOCKS: ____ **HITS:** ____ **PIM:** ____ **+/-:** ____

GAME HIGHLIGHT: _____
_____

GAME NOTES:
_____
_____
_____
_____

NAME: _____

DATE: _____

LEAGUE / LEVEL: _____

ARENA / LOCATION: _____

TEAM NAME: _____   **SCORE:** _____

OPPONENT: _____   _____

POSITION: _____   **SHOTS:** _____

GOALS: _____   **ASSISTS:** _____   **POINTS:** _____

PPG: _____   **SHG:** _____   **GWG (Y/N):** _____

BLOCKS: _____   **HITS:** _____   **PIM:** _____   **+/-:** _____

GAME HIGHLIGHT: _____
_____

GAME NOTES:
_____
_____
_____
_____

NAME: _____

DATE: _____

LEAGUE / LEVEL: _____

ARENA / LOCATION: _____

TEAM NAME: _____ SCORE: _____

OPPONENT: _____ _____

POSITION: _____ SHOTS: _____

GOALS: _____ ASSISTS: _____ POINTS: _____

PPG: _____ SHG: _____ GWG (Y/N): _____

BLOCKS: _____ HITS: _____ PIM: _____ +/-: _____

GAME HIGHLIGHT: _____
_____

GAME NOTES:
_____
_____
_____
_____

NAME: _____

DATE: _____

LEAGUE / LEVEL: _____

ARENA / LOCATION: _____

TEAM NAME: _____ SCORE: _____

OPPONENT: _____ _____

POSITION: _____ SHOTS: _____

GOALS: _____ ASSISTS: _____ POINTS: _____

PPG: _____ SHG: _____ GWG (Y/N): _____

BLOCKS: _____ HITS: _____ PIM: _____ +/-: _____

GAME HIGHLIGHT: _____
_____

GAME NOTES:
_____
_____
_____
_____

NAME: _____

DATE: _____

LEAGUE / LEVEL: _____

ARENA / LOCATION: _____

TEAM NAME: _____ **SCORE:** _____

OPPONENT: _____

POSITION: _____ **SHOTS:** _____

GOALS: _____ **ASSISTS:** _____ **POINTS:** _____

PPG: _____ **SHG:** _____ **GWG (Y/N):** _____

BLOCKS: _____ **HITS:** _____ **PIM:** _____ **+/-:** _____

GAME HIGHLIGHT: _____

GAME NOTES:
_____
_____
_____
_____

NAME: _____

DATE: _____

LEAGUE / LEVEL: _____

ARENA / LOCATION: _____

TEAM NAME: _____ **SCORE:** _____

OPPONENT: _____ _____

POSITION: _____ **SHOTS:** _____

GOALS: _____ **ASSISTS:** _____ **POINTS:** _____

PPG: _____ **SHG:** _____ **GWG (Y/N):** _____

BLOCKS: _____ **HITS:** _____ **PIM:** _____ **+/-:** _____

GAME HIGHLIGHT: _____
_____

GAME NOTES:
_____
_____
_____
_____

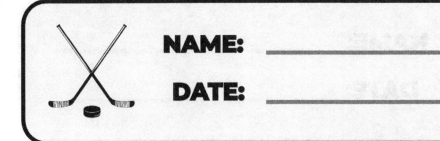

NAME: _____

DATE: _____

LEAGUE / LEVEL: _____

ARENA / LOCATION: _____

TEAM NAME: _____ **SCORE:** _____

OPPONENT: _____ _____

POSITION: _____ **SHOTS:** _____

GOALS: _____ **ASSISTS:** _____ **POINTS:** _____

PPG: _____ **SHG:** _____ **GWG (Y/N):** _____

BLOCKS: _____ **HITS:** _____ **PIM:** _____ **+/-:** _____

GAME HIGHLIGHT: _____
_____

GAME NOTES:
_____
_____
_____
_____

NAME: _____

DATE: _____

LEAGUE / LEVEL: _____

ARENA / LOCATION: _____

TEAM NAME: _____ **SCORE:** _____

OPPONENT: _____ _____

POSITION: _____ **SHOTS:** _____

GOALS: _____ **ASSISTS:** _____ **POINTS:** _____

PPG: _____ **SHG:** _____ **GWG (Y/N):** _____

BLOCKS: _____ **HITS:** _____ **PIM:** _____ **+/-:** _____

GAME HIGHLIGHT: _____
_____

GAME NOTES:
_____
_____
_____
_____

NAME: _____

DATE: _____

LEAGUE / LEVEL: _____

ARENA / LOCATION: _____

TEAM NAME: _____ **SCORE:** _____

OPPONENT: _____ _____

POSITION: _____ **SHOTS:** _____

GOALS: _____ **ASSISTS:** _____ **POINTS:** _____

PPG: _____ **SHG:** _____ **GWG (Y/N):** _____

BLOCKS: _____ **HITS:** _____ **PIM:** _____ **+/-:** _____

GAME HIGHLIGHT: _____
_____

GAME NOTES:
_____
_____
_____
_____

NAME: _____

DATE: _____

LEAGUE / LEVEL: _____

ARENA / LOCATION: _____

TEAM NAME: _____ **SCORE:** _____

OPPONENT: _____ _____

POSITION: _____ **SHOTS:** _____

GOALS: _____ **ASSISTS:** _____ **POINTS:** _____

PPG: _____ **SHG:** _____ **GWG (Y/N):** _____

BLOCKS: _____ **HITS:** _____ **PIM:** _____ **+/-:** _____

GAME HIGHLIGHT: _____
_____

GAME NOTES:
_____
_____
_____
_____

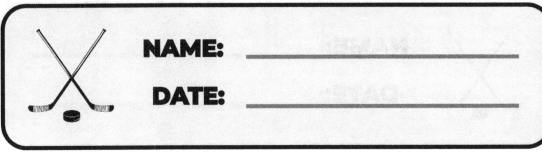

NAME: _____

DATE: _____

LEAGUE / LEVEL: _____

ARENA / LOCATION: _____

TEAM NAME: _____ **SCORE:** _____

OPPONENT: _____ _____

POSITION: _____ **SHOTS:** _____

GOALS: _____ **ASSISTS:** _____ **POINTS:** _____

PPG: _____ **SHG:** _____ **GWG (Y/N):** _____

BLOCKS: _____ **HITS:** _____ **PIM:** _____ **+/-:** _____

GAME HIGHLIGHT: _____
_____

GAME NOTES:
_____
_____
_____
_____

NAME: _____

DATE: _____

LEAGUE / LEVEL: _____

ARENA / LOCATION: _____

TEAM NAME: _____ SCORE: _____

OPPONENT: _____

POSITION: _____ SHOTS: _____

GOALS: _____ ASSISTS: _____ POINTS: _____

PPG: _____ SHG: _____ GWG (Y/N): _____

BLOCKS: _____ HITS: _____ PIM: _____ +/-: _____

GAME HIGHLIGHT: _____
_____

GAME NOTES:
_____
_____
_____
_____

NAME: _____

DATE: _____

LEAGUE / LEVEL: _____

ARENA / LOCATION: _____

TEAM NAME: _____ **SCORE:** _____

OPPONENT: _____

POSITION: _____ **SHOTS:** _____

GOALS: _____ **ASSISTS:** _____ **POINTS:** _____

PPG: _____ **SHG:** _____ **GWG (Y/N):** _____

BLOCKS: _____ **HITS:** _____ **PIM:** _____ **+/-:** _____

GAME HIGHLIGHT: _____
_____

GAME NOTES:
_____
_____
_____
_____

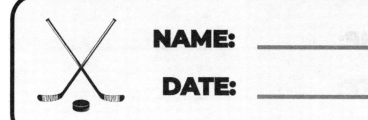

NAME: _____

DATE: _____

LEAGUE / LEVEL: _____

ARENA / LOCATION: _____

TEAM NAME: _____ **SCORE:** _____

OPPONENT: _____ _____

POSITION: _____ **SHOTS:** _____

GOALS: _____ **ASSISTS:** _____ **POINTS:** _____

PPG: _____ **SHG:** _____ **GWG (Y/N):** _____

BLOCKS: _____ **HITS:** _____ **PIM:** _____ **+/-:** _____

GAME HIGHLIGHT: _____
_____

GAME NOTES:
_____
_____
_____
_____

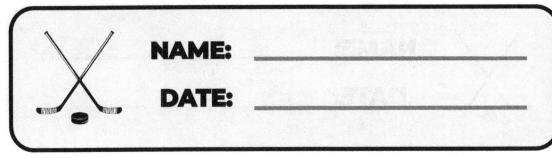

NAME: _____

DATE: _____

LEAGUE / LEVEL: _____

ARENA / LOCATION: _____

TEAM NAME: _____ **SCORE:** _____

OPPONENT: _____

POSITION: _____ **SHOTS:** _____

GOALS: _____ **ASSISTS:** _____ **POINTS:** _____

PPG: _____ **SHG:** _____ **GWG (Y/N):** _____

BLOCKS: _____ **HITS:** _____ **PIM:** _____ **+/-:** _____

GAME HIGHLIGHT: _____
_____

GAME NOTES:
_____
_____
_____
_____

NAME: _____

DATE: _____

LEAGUE / LEVEL: _____

ARENA / LOCATION: _____

TEAM NAME: _____ **SCORE:** _____

OPPONENT: _____ _____

POSITION: _____ **SHOTS:** _____

GOALS: _____ **ASSISTS:** _____ **POINTS:** _____

PPG: _____ **SHG:** _____ **GWG (Y/N):** _____

BLOCKS: _____ **HITS:** _____ **PIM:** _____ **+/-:** _____

GAME HIGHLIGHT: _____
_____

GAME NOTES:
_____
_____
_____
_____

NAME: _____

DATE: _____

LEAGUE / LEVEL: _____

ARENA / LOCATION: _____

TEAM NAME: _____ **SCORE:** _____

OPPONENT: _____

POSITION: _____ **SHOTS:** _____

GOALS: _____ **ASSISTS:** _____ **POINTS:** _____

PPG: _____ **SHG:** _____ **GWG (Y/N):** _____

BLOCKS: _____ **HITS:** _____ **PIM:** _____ **+/-:** _____

GAME HIGHLIGHT: _____
_____

GAME NOTES:
_____
_____
_____
_____

NAME: _____

DATE: _____

LEAGUE / LEVEL: _____

ARENA / LOCATION: _____

TEAM NAME: _____ SCORE: _____

OPPONENT: _____

POSITION: _____ SHOTS: _____

GOALS: _____ ASSISTS: _____ POINTS: _____

PPG: _____ SHG: _____ GWG (Y/N): _____

BLOCKS: _____ HITS: _____ PIM: _____ +/-: _____

GAME HIGHLIGHT: _____
_____

GAME NOTES:
_____
_____
_____
_____

NAME: _____

DATE: _____

LEAGUE / LEVEL: _____

ARENA / LOCATION: _____

TEAM NAME: _____ SCORE: _____

OPPONENT: _____ _____

POSITION: _____ SHOTS: _____

GOALS: _____ ASSISTS: _____ POINTS: _____

PPG: _____ SHG: _____ GWG (Y/N): _____

BLOCKS: _____ HITS: _____ PIM: _____ +/-: _____

GAME HIGHLIGHT: _____
_____

GAME NOTES:
_____
_____
_____
_____

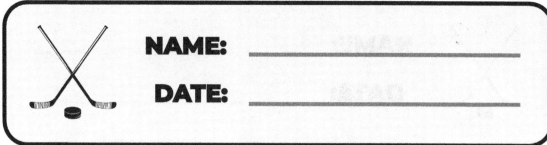

NAME: _____

DATE: _____

LEAGUE / LEVEL: _____

ARENA / LOCATION: _____

TEAM NAME: _____ **SCORE:** _____

OPPONENT: _____ _____

POSITION: _____ **SHOTS:** _____

GOALS: _____ **ASSISTS:** _____ **POINTS:** _____

PPG: _____ **SHG:** _____ **GWG (Y/N):** _____

BLOCKS: _____ **HITS:** _____ **PIM:** _____ **+/-:** _____

GAME HIGHLIGHT: _____
_____

GAME NOTES:
_____
_____
_____
_____

NAME: _____

DATE: _____

LEAGUE / LEVEL: _____

ARENA / LOCATION: _____

TEAM NAME: _____ **SCORE:** _____

OPPONENT: _____

POSITION: _____ **SHOTS:** _____

GOALS: _____ **ASSISTS:** _____ **POINTS:** _____

PPG: _____ **SHG:** _____ **GWG (Y/N):** _____

BLOCKS: _____ **HITS:** _____ **PIM:** _____ **+/-:** _____

GAME HIGHLIGHT: _____

GAME NOTES:
_____
_____
_____
_____

NAME: _____

DATE: _____

LEAGUE / LEVEL: _____

ARENA / LOCATION: _____

TEAM NAME: _____ **SCORE:** _____

OPPONENT: _____ _____

POSITION: _____ **SHOTS:** _____

GOALS: _____ **ASSISTS:** _____ **POINTS:** _____

PPG: _____ **SHG:** _____ **GWG (Y/N):** _____

BLOCKS: _____ **HITS:** _____ **PIM:** _____ **+/-:** _____

GAME HIGHLIGHT: _____
_____

GAME NOTES:
_____
_____
_____
_____

NAME: _____

DATE: _____

LEAGUE / LEVEL: _____

ARENA / LOCATION: _____

TEAM NAME: _____ SCORE: _____

OPPONENT: _____

POSITION: _____ SHOTS: _____

GOALS: _____ ASSISTS: _____ POINTS: _____

PPG: _____ SHG: _____ GWG (Y/N): _____

BLOCKS: _____ HITS: _____ PIM: _____ +/-: _____

GAME HIGHLIGHT: _____
_____

GAME NOTES:
_____
_____
_____
_____

NAME: _____

DATE: _____

LEAGUE / LEVEL: _____

ARENA / LOCATION: _____

TEAM NAME: _____ **SCORE:** _____

OPPONENT: _____

POSITION: _____ **SHOTS:** _____

GOALS: _____ **ASSISTS:** _____ **POINTS:** _____

PPG: _____ **SHG:** _____ **GWG (Y/N):** _____

BLOCKS: _____ **HITS:** _____ **PIM:** _____ **+/-:** _____

GAME HIGHLIGHT: _____
_____

GAME NOTES:
_____
_____
_____
_____

NAME: _____

DATE: _____

LEAGUE / LEVEL: _____

ARENA / LOCATION: _____

TEAM NAME: _____ **SCORE:** _____

OPPONENT: _____ _____

POSITION: _____ **SHOTS:** _____

GOALS: _____ **ASSISTS:** _____ **POINTS:** _____

PPG: _____ **SHG:** _____ **GWG (Y/N):** _____

BLOCKS: _____ **HITS:** _____ **PIM:** _____ **+/-:** _____

GAME HIGHLIGHT: _____
_____

GAME NOTES:
_____
_____
_____
_____

NAME: _____

DATE: _____

LEAGUE / LEVEL: _____

ARENA / LOCATION: _____

TEAM NAME: _____ SCORE: _____

OPPONENT: _____ _____

POSITION: _____ SHOTS: _____

GOALS: _____ ASSISTS: _____ POINTS: _____

PPG: _____ SHG: _____ GWG (Y/N): _____

BLOCKS: _____ HITS: _____ PIM: _____ +/-: _____

GAME HIGHLIGHT: _____
_____

GAME NOTES:
_____
_____
_____
_____

NAME: _____

DATE: _____

LEAGUE / LEVEL: _____

ARENA / LOCATION: _____

TEAM NAME: _____   SCORE: _____

OPPONENT: _____   _____

POSITION: _____   SHOTS: _____

GOALS: _____   ASSISTS: _____   POINTS: _____

PPG: _____   SHG: _____   GWG (Y/N): _____

BLOCKS: _____   HITS: _____   PIM: _____   +/-: _____

GAME HIGHLIGHT: _____
_____

GAME NOTES:
_____
_____
_____
_____

NAME: _____

DATE: _____

LEAGUE / LEVEL: _____

ARENA / LOCATION: _____

TEAM NAME: _____ **SCORE:** _____

OPPONENT: _____ _____

POSITION: _____ **SHOTS:** _____

GOALS: _____ **ASSISTS:** _____ **POINTS:** _____

PPG: _____ **SHG:** _____ **GWG (Y/N):** _____

BLOCKS: _____ **HITS:** _____ **PIM:** _____ **+/-:** _____

GAME HIGHLIGHT: _____
_____

GAME NOTES:
_____
_____
_____
_____

NAME: _____

DATE: _____

LEAGUE / LEVEL: _____

ARENA / LOCATION: _____

TEAM NAME: _____ **SCORE:** _____

OPPONENT: _____ _____

POSITION: _____ **SHOTS:** _____

GOALS: _____ **ASSISTS:** _____ **POINTS:** _____

PPG: _____ **SHG:** _____ **GWG (Y/N):** _____

BLOCKS: _____ **HITS:** _____ **PIM:** _____ **+/-:** _____

GAME HIGHLIGHT: _____
_____

GAME NOTES:
_____
_____
_____
_____

NAME: _____

DATE: _____

LEAGUE / LEVEL: _____

ARENA / LOCATION: _____

TEAM NAME: _____ **SCORE:** _____

OPPONENT: _____

POSITION: _____ **SHOTS:** _____

GOALS: _____ **ASSISTS:** _____ **POINTS:** _____

PPG: _____ **SHG:** _____ **GWG (Y/N):** _____

BLOCKS: _____ **HITS:** _____ **PIM:** _____ **+/-:** _____

GAME HIGHLIGHT: _____
_____

GAME NOTES:
_____
_____
_____
_____

NAME: _____

DATE: _____

LEAGUE / LEVEL: _____

ARENA / LOCATION: _____

TEAM NAME: _____ **SCORE:** _____

OPPONENT: _____ _____

POSITION: _____ **SHOTS:** _____

GOALS: _____ **ASSISTS:** _____ **POINTS:** _____

PPG: _____ **SHG:** _____ **GWG (Y/N):** _____

BLOCKS: _____ **HITS:** _____ **PIM:** _____ **+/-:** _____

GAME HIGHLIGHT: _____
_____

GAME NOTES:
_____
_____
_____
_____

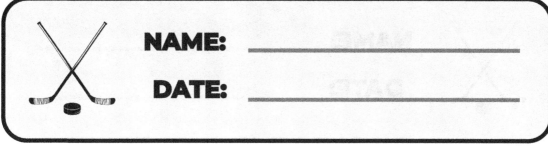

NAME: _____

DATE: _____

LEAGUE / LEVEL: _____

ARENA / LOCATION: _____

TEAM NAME: _____ **SCORE:** _____

OPPONENT: _____ _____

POSITION: _____ **SHOTS:** _____

GOALS: _____ **ASSISTS:** _____ **POINTS:** _____

PPG: _____ **SHG:** _____ **GWG (Y/N):** _____

BLOCKS: _____ **HITS:** _____ **PIM:** _____ **+/-:** _____

GAME HIGHLIGHT: _____

GAME NOTES:
_____
_____
_____
_____

NAME: _____

DATE: _____

LEAGUE / LEVEL: _____

ARENA / LOCATION: _____

TEAM NAME: _____ SCORE: _____

OPPONENT: _____ _____

POSITION: _____ SHOTS: _____

GOALS: _____ ASSISTS: _____ POINTS: _____

PPG: _____ SHG: _____ GWG (Y/N): _____

BLOCKS: _____ HITS: _____ PIM: _____ +/-: _____

GAME HIGHLIGHT: _____
_____

GAME NOTES:
_____
_____
_____
_____

NAME: _____

DATE: _____

LEAGUE / LEVEL: _____

ARENA / LOCATION: _____

TEAM NAME: _____ **SCORE:** _____

OPPONENT: _____ _____

POSITION: _____ **SHOTS:** _____

GOALS: _____ **ASSISTS:** _____ **POINTS:** _____

PPG: _____ **SHG:** _____ **GWG (Y/N):** _____

BLOCKS: _____ **HITS:** _____ **PIM:** _____ **+/-:** _____

GAME HIGHLIGHT: _____
_____

GAME NOTES:
_____
_____
_____
_____

NAME: _____

DATE: _____

LEAGUE / LEVEL: _____

ARENA / LOCATION: _____

TEAM NAME: _____ **SCORE:** _____

OPPONENT: _____ _____

POSITION: _____ **SHOTS:** _____

GOALS: _____ **ASSISTS:** _____ **POINTS:** _____

PPG: _____ **SHG:** _____ **GWG (Y/N):** _____

BLOCKS: _____ **HITS:** _____ **PIM:** _____ **+/-:** _____

GAME HIGHLIGHT: _____
_____

GAME NOTES:
_____
_____
_____
_____

NAME: _____

DATE: _____

LEAGUE / LEVEL: _____

ARENA / LOCATION: _____

TEAM NAME: _____ **SCORE:** _____

OPPONENT: _____ _____

POSITION: _____ **SHOTS:** _____

GOALS: _____ **ASSISTS:** _____ **POINTS:** _____

PPG: _____ **SHG:** _____ **GWG (Y/N):** _____

BLOCKS: _____ **HITS:** _____ **PIM:** _____ **+/-:** _____

GAME HIGHLIGHT: _____
_____

GAME NOTES:
_____
_____
_____
_____

NOTES: